Family Reunion

Date:

Guests

Family Memories

Name:

birthday:

address:

email:

phone:

Name:

birthday:

address:

email:

phone:

Name:

birthday:

address:

email:

phone:

Guests

Family Memories

Name:

birthday:

address:

email:

phone:

Name:

birthday:

address:

email:

phone:

Name:

birthday:

address:

email:

phone:

Guests Family Memories

Name:

birthday:

address:

email:

phone:

Name:

birthday:

address:

email:

phone:

Name:

birthday:

address:

email:

phone:

Guests

Family Memories

Name:

birthday:

address:

email:

phone:

Name:

birthday:

address:

email:

phone:

Name:

birthday:

address:

email:

phone:

Guests

Family Memories

Name:

birthday:

address:

email:

phone:

Name:

birthday:

address:

email:

phone:

Name:

birthday:

address:

email:

phone:

Guests Family Memories

Name: _____

birthday: _____

address: _____

email: _____

phone: _____

Name: _____

birthday: _____

address: _____

email: _____

phone: _____

Name: _____

birthday: _____

address: _____

email: _____

phone: _____

Guests

Family Memories

Name:

birthday:

address:

email:

phone:

Name:

birthday:

address:

email:

phone:

Name:

birthday:

address:

email:

phone:

Guests

Family Memories

Name:

birthday:

address:

email:

phone:

Name:

birthday:

address:

email:

phone:

Name:

birthday:

address:

email:

phone:

Guests

Family Memories

Name:

birthday:

address:

email:

phone:

Name:

birthday:

address:

email:

phone:

Name:

birthday:

address:

email:

phone:

Guests

Family Memories

Name:

birthday:

address:

email:

phone:

Name:

birthday:

address:

email:

phone:

Name:

birthday:

address:

email:

phone:

Guests

Family Memories

Name:

birthday:

address:

email:

phone:

Name:

birthday:

address:

email:

phone:

Name:

birthday:

address:

email:

phone:

Guests

Family Memories

Name:

birthday:

address:

email:

phone:

Name:

birthday:

address:

email:

phone:

Name:

birthday:

address:

email:

phone:

Guests  Family Memories

Name:

birthday:

address:

email:

phone:

Name:

birthday:

address:

email:

phone:

Name:

birthday:

address:

email:

phone:

Guests

Family Memories

Name:

birthday:

address:

email:

phone:

Name:

birthday:

address:

email:

phone:

Name:

birthday:

address:

email:

phone:

Guests

Family Memories

Name:

birthday:

address:

email:

phone:

Name:

birthday:

address:

email:

phone:

Name:

birthday:

address:

email:

phone:

Guests   Family Memories

Name:

birthday:

address:

email:

phone:

Name:

birthday:

address:

email:

phone:

Name:

birthday:

address:

email:

phone:

Guests  Family Memories

Name:

birthday:

address:

email:

phone:

Name:

birthday:

address:

email:

phone:

Name:

birthday:

address:

email:

phone:

Guests

Family Memories

Name:

birthday:

address:

email:

phone:

Name:

birthday:

address:

email:

phone:

Name:

birthday:

address:

email:

phone:

Guests ❧❧ Family Memories

Name: _____

birthday: _____

address: _____

_____

email: _____

phone: _____

Name: _____

birthday: _____

address: _____

_____

email: _____

phone: _____

Name: _____

birthday: _____

address: _____

_____

email: _____

phone: _____

Guests ❧❧ ❧❧ Family Memories

Name: _____

birthday: _____

address: _____

_____

email: _____

phone: _____

Name: _____

birthday: _____

address: _____

_____

email: _____

phone: _____

Name: _____

birthday: _____

address: _____

_____

email: _____

phone: _____

Guests

Family Memories

Name:

birthday:

address:

email:

phone:

Name:

birthday:

address:

email:

phone:

Name:

birthday:

address:

email:

phone:

Guests

Family Memories

Name: _____

birthday: _____

address: _____

_____

email: _____

phone: _____

Name: _____

birthday: _____

address: _____

_____

email: _____

phone: _____

Name: _____

birthday: _____

address: _____

_____

email: _____

phone: _____

Guests

Family Memories

Name:

birthday:

address:

email:

phone:

Name:

birthday:

address:

email:

phone:

Name:

birthday:

address:

email:

phone:

Guests ~~~ ~~~ Family Memories

Name: _____

birthday: _____

address: _____

_____

email: _____

phone: _____

Name: _____

birthday: _____

address: _____

_____

email: _____

phone: _____

Name: _____

birthday: _____

address: _____

_____

email: _____

phone: _____

Guests  Family Memories

Name:

birthday:

address:

email:

phone:

Name:

birthday:

address:

email:

phone:

Name:

birthday:

address:

email:

phone:

Guests

Family Memories

Name:

birthday:

address:

email:

phone:

Name:

birthday:

address:

email:

phone:

Name:

birthday:

address:

email:

phone:

Guests

Family Memories

Name:

birthday:

address:

email:

phone:

Name:

birthday:

address:

email:

phone:

Name:

birthday:

address:

email:

phone:

Guests

Family Memories

Name:

birthday:

address:

email:

phone:

Name:

birthday:

address:

email:

phone:

Name:

birthday:

address:

email:

phone:

Guests

Family Memories

Name:

birthday:

address:

email:

phone:

Name:

birthday:

address:

email:

phone:

Name:

birthday:

address:

email:

phone:

Guests

Family Memories

Name:

birthday:

address:

email:

phone:

Name:

birthday:

address:

email:

phone:

Name:

birthday:

address:

email:

phone:

Guests

Family Memories

Name:
_____

birthday:
_____

address:
_____

_____

email:
_____

phone:
_____

Name:
_____

birthday:
_____

address:
_____

_____

email:
_____

phone:
_____

Name:
_____

birthday:
_____

address:
_____

_____

email:
_____

phone:
_____

Guests

Family Memories

Name:

birthday:

address:

email:

phone:

Name:

birthday:

address:

email:

phone:

Name:

birthday:

address:

email:

phone:

Guests

Family Memories

Name:

birthday:

address:

email:

phone:

Name:

birthday:

address:

email:

phone:

Name:

birthday:

address:

email:

phone:

Guests

Family Memories

Name:

birthday:

address:

email:

phone:

Name:

birthday:

address:

email:

phone:

Name:

birthday:

address:

email:

phone:

Guests

Family Memories

Name:

birthday:

address:

email:

phone:

Name:

birthday:

address:

email:

phone:

Name:

birthday:

address:

email:

phone:

Guests   Family Memories

Name:

birthday:

address:

email:

phone:

Name:

birthday:

address:

email:

phone:

Name:

birthday:

address:

email:

phone:

Guests Family Memories

Name:

birthday:

address:

email:

phone:

Name:

birthday:

address:

email:

phone:

Name:

birthday:

address:

email:

phone:

Guests ~ Family Memories

Name:

birthday:

address:

email:

phone:

Name:

birthday:

address:

email:

phone:

Name:

birthday:

address:

email:

phone:

Guests

Family Memories

Name:

birthday:

address:

email:

phone:

Name:

birthday:

address:

email:

phone:

Name:

birthday:

address:

email:

phone:

Guests

Family Memories

Name:

birthday:

address:

email:

phone:

Name:

birthday:

address:

email:

phone:

Name:

birthday:

address:

email:

phone:

Guests

Family Memories

Name:

birthday:

address:

email:

phone:

Name:

birthday:

address:

email:

phone:

Name:

birthday:

address:

email:

phone:

Guests   Family Memories

Name:

birthday:

address:

email:

phone:

Name:

birthday:

address:

email:

phone:

Name:

birthday:

address:

email:

phone:

Guests

Family Memories

Name:

birthday:

address:

email:

phone:

Name:

birthday:

address:

email:

phone:

Name:

birthday:

address:

email:

phone:

Guests   Family Memories

Name: _____

birthday: _____

address: _____

_____

email: _____

phone: _____

Name: _____

birthday: _____

address: _____

_____

email: _____

phone: _____

Name: _____

birthday: _____

address: _____

_____

email: _____

phone: _____

Guests

Family Memories

Name:

birthday:

address:

email:

phone:

Name:

birthday:

address:

email:

phone:

Name:

birthday:

address:

email:

phone:

Guests

Family Memories

Name:

birthday:

address:

email:

phone:

Name:

birthday:

address:

email:

phone:

Name:

birthday:

address:

email:

phone:

Guests

Family Memories

Name:

birthday:

address:

email:

phone:

Name:

birthday:

address:

email:

phone:

Name:

birthday:

address:

email:

phone:

Guests

Family Memories

Name:

birthday:

address:

email:

phone:

Name:

birthday:

address:

email:

phone:

Name:

birthday:

address:

email:

phone:

Guests

Family Memories

Name:

birthday:

address:

email:

phone:

Name:

birthday:

address:

email:

phone:

Name:

birthday:

address:

email:

phone:

Guests   Family Memories

Name:

birthday:

address:

email:

phone:

Name:

birthday:

address:

email:

phone:

Name:

birthday:

address:

email:

phone:

Guests

Family Memories

Name:

birthday:

address:

email:

phone:

Name:

birthday:

address:

email:

phone:

Name:

birthday:

address:

email:

phone:

Guests

Family Memories

Name:

birthday:

address:

email:

phone:

Name:

birthday:

address:

email:

phone:

Name:

birthday:

address:

email:

phone:

Guests

Family Memories

Name:

birthday:

address:

email:

phone:

Name:

birthday:

address:

email:

phone:

Name:

birthday:

address:

email:

phone:

Guests Family Memories

Name:

birthday:

address:

email:

phone:

Name:

birthday:

address:

email:

phone:

Name:

birthday:

address:

email:

phone:

Guests

Family Memories

Name:

birthday:

address:

email:

phone:

Name:

birthday:

address:

email:

phone:

Name:

birthday:

address:

email:

phone:

Guests ❧❧ ❧❧ Family Memories

Name: _____

birthday: _____

address: _____

_____

email: _____

phone: _____

Name: _____

birthday: _____

address: _____

_____

email: _____

phone: _____

Name: _____

birthday: _____

address: _____

_____

email: _____

phone: _____

Guests

Family Memories

Name:

birthday:

address:

email:

phone:

Name:

birthday:

address:

email:

phone:

Name:

birthday:

address:

email:

phone:

Guests · Family Memories

Name:

birthday:

address:

email:

phone:

Name:

birthday:

address:

email:

phone:

Name:

birthday:

address:

email:

phone:

Guests

Family Memories

Name: _____

birthday: _____

address: _____

_____

email: _____

phone: _____

Name: _____

birthday: _____

address: _____

_____

email: _____

phone: _____

Name: _____

birthday: _____

address: _____

_____

email: _____

phone: _____

Guests

Family Memories

Name:

birthday:

address:

email:

phone:

Name:

birthday:

address:

email:

phone:

Name:

birthday:

address:

email:

phone:

Guests

Family Memories

Name: _____

birthday: _____

address: _____

_____

email: _____

phone: _____

Name: _____

birthday: _____

address: _____

_____

email: _____

phone: _____

Name: _____

birthday: _____

address: _____

_____

email: _____

phone: _____

Guests

Family Memories

Name: _____

birthday: _____

address: _____
_____

email: _____

phone: _____

Name: _____

birthday: _____

address: _____
_____

email: _____

phone: _____

Name: _____

birthday: _____

address: _____
_____

email: _____

phone: _____

Guests ～～ ～～ Family Memories

Name: _____   _____

birthday: _____   _____

address: _____   _____

_____   _____

email: _____   _____

phone: _____   _____

_____

Name: _____   _____

birthday: _____   _____

address: _____   _____

_____   _____

email: _____   _____

phone: _____   _____

_____

Name: _____   _____

birthday: _____   _____

address: _____   _____

_____   _____

email: _____   _____

phone: _____   _____

_____

Guests ~~~~~ Family Memories

Name: _____

birthday: _____

address: _____

_____

email: _____

phone: _____

Name: _____

birthday: _____

address: _____

_____

email: _____

phone: _____

Name: _____

birthday: _____

address: _____

_____

email: _____

phone: _____

Guests

Family Memories

Name:

birthday:

address:

email:

phone:

Name:

birthday:

address:

email:

phone:

Name:

birthday:

address:

email:

phone:

Guests

Family Memories

Name:

birthday:

address:

email:

phone:

Name:

birthday:

address:

email:

phone:

Name:

birthday:

address:

email:

phone:

Guests

Family Memories

Name:

birthday:

address:

email:

phone:

Name:

birthday:

address:

email:

phone:

Name:

birthday:

address:

email:

phone:

Guests

Family Memories

Name:

birthday:

address:

email:

phone:

Name:

birthday:

address:

email:

phone:

Name:

birthday:

address:

email:

phone:

Guests

Family Memories

Name:

birthday:

address:

email:

phone:

Name:

birthday:

address:

email:

phone:

Name:

birthday:

address:

email:

phone:

Guests ·~·~· ·~·~· Family Memories

Name:

birthday:

address:

email:

phone:

Name:

birthday:

address:

email:

phone:

Name:

birthday:

address:

email:

phone:

·~·~· ·~·~·

Guests

Family Memories

Name:

birthday:

address:

email:

phone:

Name:

birthday:

address:

email:

phone:

Name:

birthday:

address:

email:

phone:

Guests

Family Memories

Name:

birthday:

address:

email:

phone:

Name:

birthday:

address:

email:

phone:

Name:

birthday:

address:

email:

phone:

Guests  Family Memories

Name: _____

birthday: _____

address: _____

_____

email: _____

phone: _____

Name: _____

birthday: _____

address: _____

_____

email: _____

phone: _____

Name: _____

birthday: _____

address: _____

_____

email: _____

phone: _____

Guests ❧❧ ❧❧ Family Memories

Name: _____

birthday: _____

address: _____

_____

email: _____

phone: _____

Name: _____

birthday: _____

address: _____

_____

email: _____

phone: _____

Name: _____

birthday: _____

address: _____

_____

email: _____

phone: _____

Guests ～～ ～～ Family Memories

Name: _____

birthday: _____

address: _____

_____

email: _____

phone: _____

Name: _____

birthday: _____

address: _____

_____

email: _____

phone: _____

Name: _____

birthday: _____

address: _____

_____

email: _____

phone: _____

Guests

Family Memories

Name:

birthday:

address:

email:

phone:

Name:

birthday:

address:

email:

phone:

Name:

birthday:

address:

email:

phone:

Guests

Family Memories

Name:

birthday:

address:

email:

phone:

Name:

birthday:

address:

email:

phone:

Name:

birthday:

address:

email:

phone:

Guests

Family Memories

Name:

birthday:

address:

email:

phone:

Name:

birthday:

address:

email:

phone:

Name:

birthday:

address:

email:

phone:

Guests

Family Memories

Name:

birthday:

address:

email:

phone:

Name:

birthday:

address:

email:

phone:

Name:

birthday:

address:

email:

phone:

Guests

Family Memories

Name: _____

birthday: _____

address: _____

_____

email: _____

phone: _____

Name: _____

birthday: _____

address: _____

_____

email: _____

phone: _____

Name: _____

birthday: _____

address: _____

_____

email: _____

phone: _____

Guests

Family Memories

Name:

birthday:

address:

email:

phone:

Name:

birthday:

address:

email:

phone:

Name:

birthday:

address:

email:

phone:

Guests

Family Memories

Name: _____

birthday: _____

address: _____

_____

email: _____

phone: _____

Name: _____

birthday: _____

address: _____

_____

email: _____

phone: _____

Name: _____

birthday: _____

address: _____

_____

email: _____

phone: _____

Guests

Family Memories

Name:

birthday:

address:

email:

phone:

Name:

birthday:

address:

email:

phone:

Name:

birthday:

address:

email:

phone:

Guests ~~~ ~~~ Family Memories

Name:

birthday:

address:

email:

phone:

Name:

birthday:

address:

email:

phone:

Name:

birthday:

address:

email:

phone:

Guests

Family Memories

Name:

birthday:

address:

email:

phone:

Name:

birthday:

address:

email:

phone:

Name:

birthday:

address:

email:

phone:

Guests ~~~ ~~~ Family Memories

Name:

birthday:

address:

email:

phone:

Name:

birthday:

address:

email:

phone:

Name:

birthday:

address:

email:

phone:

~~~ ~~~

Gift Log

Date	Gift Received	Given By	Thank You

Gift Log

Date	Gift Received	Given By	Thank You

Gift Log

Date	Gift Received	Given By	Thank You

Gift Log

Date	Gift Received	Given By	Thank You

Gift Log

Date	Gift Received	Given By	Thank You

Gift Log

Date	Gift Received	Given By	Thank You

Gift Log

Date	Gift Received	Given By	Thank You

Gift Log

Date	Gift Received	Given By	Thank You

Gift Log

Date	Gift Received	Given By	Thank You

Gift Log

Date	Gift Received	Given By	Thank You

Made in United States
Orlando, FL
28 June 2025

62457702R00057